U0813791

中华中医昆仑

刘弼臣学术评传

张镜源◎主编

中国盲文出版社

图书在版编目（CIP）数据

刘弼臣学术评传（大字版）/ 张镜源主编. —北京：中国盲文出版社，2015.12

（中华中医昆仑）

ISBN 978-7-5002-6865-9

Ⅰ. ①刘… Ⅱ. ①张… Ⅲ. ①刘弼臣（1925～2008）—评传 Ⅳ. ①K826.2

中国版本图书馆 CIP 数据核字（2015）第 303135 号

刘弼臣学术评传

主　　编：张镜源
责任编辑：亢　淼
出版发行：中国盲文出版社
社　　址：北京市西城区太平街甲 6 号
邮政编码：100050
印　　刷：北京华联印刷有限公司
经　　销：新华书店
开　　本：700×1000　1/16
字　　数：42 千字
印　　张：6.5
版　　次：2015 年 12 月第 1 版　2016 年 3 月第 2 次印刷
书　　号：ISBN 978-7-5002-6865-9/K·397
定　　价：12.00 元
销售服务热线：（010）83190297　83190289　83190292

版权所有　侵权必究　　**印装错误可随时退换**

丛书编委会

总顾问　顾秀莲　热　地　郑万通　王国强
胡振民　柳斌杰　万季飞　周和平
宋　海　何界生

顾　问　于己百　王永炎　王孝涛　王宝恩
邓铁涛　石学敏　朱良春　刘志明
许润三　孙光荣　李寿山　李经纬
李辅仁　吴　伟　吴咸中　何　任
余瀛鳌　张　琪　张代钊　张伯礼
张学文　陈士奎　陈可冀　陆广莘
苗新凤　金世元　周仲瑛　周兴俊
周霭祥　赵冠英　费开扬　高思华
唐由之　程莘农　路志正　颜德馨

主　任　张镜源　佘　靖　白庚胜

副主任　于文明　卫　中　王　炼　王国辰
王承德　王晓民　元哲颖　刘彦龙
李大宁　李功韬　李建军　李俊德

李振吉　杨　钊　杨　勋　何伟诚
苑　为　周建良　房书亭　赵克忠
胡小林　姜在旸　修成娟　姚振华
贺兴东　徐建中　梅　伟　崔晓浔
蒋　健　谢秉臻

编　委　王中华　王汉智　邓耀华　陈伟能
周汉智　郑仁瑞　董栋华

主　编　张镜源

总编审　王　立　伊广谦　刘南燕　牟国胜
李佐丰　吴石忠　汪兆骞　张年顺
张瑞贤　陈金华　呼素华　孟庆云
施宝华　梁星乔　傅　芳　靳　琦
鲁兆麟

编　审　尹龙元　红　柳　孙雁行　李　岩
李　越　李占永　宋　倩　张　浩
陈宏玢　黄　健　崔　宇　鲍国威

编务人员　王　悦　刘　伟　李淑荣　周逢春
张　媛　赵祥龙　顾秀玲　常东晗

前言

中医药是中华民族的伟大创造，是世界医学宝库中的夺目瑰宝，数千年来为中华民族的繁衍昌盛作出了巨大的不可磨灭的贡献，至今仍是中国医药卫生事业不可分割的重要组成部分，在维护民族体魄康健、促进经济社会发展中发挥着不可替代的作用。

中医药学，是中华传统文化和科技文明的结晶，是勤劳聪慧的中华儿女在几千年生产生活实践中，在与疾病作斗争的过程中，创造的独具特色的医学科学体系。它有着浓郁的民族特色、深厚的文化底蕴和丰富的哲学内涵。经过一代又一代中医药传人、一辈又一辈名医大家的实践探索、薪火传承、总结完善、创新发展，逐步形成了系统的理论体系、独特的诊疗方法、丰富的医学内容、实用的制药技术。具有疗效确切、用药安全、应诊灵活、普适简廉和预防保健作用显著的巨大优势，在世界医学之林独树一帜，为人类的文明进步与医疗保健事业，已经并正在作出积极的贡献。

为了弘扬中华民族传统文化，彰显中医药学家的丰功伟绩，当代中医药发展研究中心与中国文学艺术界联合会、国家中医药管理局新闻办公室、中华中医药学会、中国中医科学院、北京中医药大学、世界中医药学会联合会等精诚合作，在国家中医药管理局的支持和指导下，为中华近现代百年来贡献卓著、深受敬仰的150位中医药学家，编撰出版了这部大型传记丛书。丛书采用评传体裁，记载他们的生平事迹、医术专长、学术思想、传承教育、医风医德、养生之道和突出贡献，使这些宝贵的医学成就和精神财富发扬光大，千古流芳。

丛书取名《中华中医昆仑》。昆仑山，被尊为“万山之祖”，柱西北而瞰东南，立中国而凭世界，凌驾乾坤，巍然屹立。以其高峻豪迈、绵延起伏的磅礴气势，寓意中华中医药学历史悠久、博大精深和永不衰竭；以其挺拔雄伟、高耸入云的恢弘气魄，彪炳一代中医药学家的丰功伟绩、杰出贡献和不朽勋业。

丛书入选传主，从全国范围推荐遴选，遍及中医药界各个领域。有临床家、理论家、药学家、教育家、医史文献学家；有名师亲授、世医家教、学派传人、院校毕业和自学成才者；有师徒并驾、父子齐名和伉俪联袂者。他们学术造诣深厚、诊疗技术精湛、临床经验丰富、学科地位崇高、科研成果丰硕、医风医德高尚、国内外影响较大，从医学理论到临床实践，为中医药事业的传承和发展作出了突出贡献，是近现代百年来中华中医药界的杰出代表。

丛书的出版，对于弘扬中华文化，振兴中医药事业，造就中医药人才，普及中医药知识，具有重要的现实意义和深远的历史意义。这是一项开创性工作，填补了我国为著名中医药学家大规模撰写传记的空白；也是一项抢救性工作，因入选传主已仙逝过半，许多亲历、亲见、亲闻的史料日见散逸，将之收集整理、编撰成书，功垂后世、利国利民；更是一项承前启后的工作，总结传主经验，传承中医药伟业，继往开来，光耀世界医学之林。这部医文结合，富蕴历史性、学术性、文学性和实用性的鸿篇巨制，对医疗、卫生、科研、教育及全球关注中华中医药文化的各界人士，都有重要的参考和阅读价值。

丛书的编撰出版，是一项巨大的中医药文

化建设工程，在策划、撰写、编辑、出版过程中，自始至终得到了国家有关领导、政府部门及社会各界人士的关心和支持。国家中医药管理局高度重视，并组织专家对全书进行终审；数百名专家、学者亲临指导，参与规划；有关省、市、自治区卫生厅、局、中医局（处）给予大力帮助；传主及其亲属、弟子热情支持、密切配合；撰稿人深情满怀、辛勤笔耕；编审专家尽心竭力、精工细琢；关爱中医药事业的企业家热心公益、慷慨资助；全体工作人员不辞辛劳、无私奉献，这一切使丛书得以顺利出版。对此，我们深表谢意。

由于时间紧迫和资料搜集困难，加之水平有限，难免有疏误之处，敬请广大读者批评指正。

中华中医药学，历史悠久，源远流长，发端于远古，奔向于未来。百年对于历史，不过是短暂的瞬间；百人对于万众，不过是沧海一粟。然本丛书所记载的百年百人，则无疑是波澜壮阔的中医药发展史上辉煌的篇章和光芒闪烁的璀璨星辰。

张镜源

目录

抗日烽火砺壮志　誓为良医救苍生 / 05

赴京执教育桃李　大医精诚“小儿王” / 21

力主少阳衡为枢　从肺论治开新篇 / 38

独辟蹊径治杂症　望诊诀句千古传 / 63

先天不由人之意　后天顺乎凭自然 / 80

发扬必先继承，有了继承，才能发扬，继承是基础，发扬是发展。没有继承犹如无源之水，无本之木，怎能谈得上所谓“发展”和“发扬”。

——刘弼臣

刘弼臣（1925—2008），江苏省扬州人，中共党员、中国农工民主党党员，著名中医儿科临床家、当代儿科学术带头人之一，北京中医药大学学术顾问、终身教授、研究生导师，被人事部、卫生部、国家中医药管理局确定为首批全国五百名老中医药专家学术经验继承工作指导老师之一，第八届全国政协科教文卫体委员会委员，第八、九、十、十一届北京市人大代表，享受国务院政府特殊津贴。

刘弼臣医术精湛，医德高尚，是中医儿科“臣字门派”的第五代传人。他崇尚实践，立足创新，临床经验丰富，疗效显著，造诣极深。

在继承师门学术思想的基础上，兼收并蓄历代前贤医学之长，潜心钻研，刻意进取。对《黄帝内经》、《难经》、《伤寒论》、《金匮要略》等经典著作精研细读，体会颇深，医理修养厚重，为中医儿科学术的发展与创新呕心沥血，奋斗一生。他对钱乙、万密斋、吴谦、叶天士等诸家学术思想进行了深入研讨和阐发，并提出了创造性的中医理论和治疗思想；在长期临床辨证论治、理法方药实践中，逐步形成了自己独特的“精于五脏证治，突出从肺论治”的学术思想体系，对儿科常见病和疑难杂症临床疗效确切。尤其是治疗晚期顽固性哮喘，采取“敛肺”方法，使得消耗减少，增强自身免疫功能，达到治标又治本的目的。刘弼臣把毕生心血和精力倾注于中医儿科事业，为中医儿科事业的振兴和发展，作出了重要的贡献。

抗日烽火砺壮志
誓为良医救苍生

刘弼臣，原名刘世仁，1925 年 5 月 1 日出生在江苏省仪征县朴席镇的一个手工业主家庭。朴席镇是名席之乡，盛产优质天然草席已有千年历史，早在唐代就被称为“莞席细苎”，贵为贡品，清代曾出现过“三湾九井十八巷，家家户户织席忙”的繁盛景象。刘弼臣的父亲以织席为业，操持着一家人的生计，尽管家境不是很富裕，但他仍坚持把孩子送到学校读书。刘弼臣幼年时体弱多病，4 岁时方能站立行走，但他聪明伶俐，乖巧可爱，5 岁便能咏诵古诗经典，甚受家人喜爱，捧若明珠。刘弼臣的姑父孙谨臣是中医儿科“臣字门派”第四代传人，对刘弼臣更是分外喜爱。在体弱多病的幼年，刘弼臣得到了姑父悉心的调治，姑父孙谨臣高明的医术在他的心灵中打下了深刻烙印，崇尚中医之情油然而生。刘弼臣 6 岁那年，举家迁往扬州，他在这座城市读了小学，12 岁就考入了国立扬州中学。那时候，扬州地区只有 3 所中学，其中两所是教会学校，一所是英国圣约翰中学，一所是法国震旦中学，还有一所就是国立扬州中学。有钱人都上外国的教会学校，没钱的就上国立扬州中学。扬州人杰地灵，历代名人宛如璀璨的星辰在中国历史的长河中闪耀着熠熠光辉，在当代更是英才辈出，胡乔木、乔冠华、江泽民都是从扬州的 3 所中学走出来的。

这座中国著名的历史文化名城以其深厚的文化内涵浸润着刘弼臣的心灵。少年好壮志，意欲九重天，年少的刘弼臣常常登上民族英雄史可法率兵抗清的城墙，与同学们一起抒怀报国志。1937年7月7日，抗日战争爆发，许多同学奔赴抗日前线，正读中学的刘弼臣也闹着要去打日本鬼子，家里人看他年少体弱，苦苦相劝，但执拗的他仍坚持要与几位学长结伴而行。对他疼爱有加的姑父意味深长地说：“世仁啊，人做事要用其所长，避其所短，才能有所成就。你现在身体孱弱，即使你有心杀敌，但也力所不及。抗敌之策千千万，你可以选择一项你所适应的方式去支持抗战，譬如说，跟姑父一起用岐黄之术为百姓看病，为军士医伤，不也是很好的吗？”刘弼臣若有所思，但扛枪打鬼子的愿望仍很强烈。

战局发展得很快，10月，南路日军占领了上海、无锡、苏州，北路的日军占领徐州后，很快就推进到了扬州城下。刘弼臣所在的中学停课，他与家人和成千上万的难民一起逃到乡下，躲避战火的涂炭。看到鱼米之乡的美丽家园遭到日军蹂躏，看到长江里漂浮着无数被屠杀的百姓，国破家亡的仇恨呼唤着刘弼臣去报效国家。国破山河碎，何不执吴钩？品学兼优的刘弼臣在国难当头之际，再次为不能以男儿之躯奔赴抗日战场扼腕而泣，经过再三斟酌，觉得只有行医之道才是他眼下有所作为的救国救民之途。他痛下决心，立志学习中医，济世活人，用医术壮民众之体，用国粹强民族之神。遂中学辍学，拜其姑父孙谨臣为师，师取医名“弼臣”，成为“臣字门派”的第五代传人，从此刘弼臣步入中医殿堂，走上了岐黄之路。

刘弼臣每谈起他的姑父总是满怀敬仰和感恩，当谈到“臣”字的来历时，刘弼臣总是沉吟片刻，用沉静的语气说：“《幼学琼林》上边讲‘治世以文，弼亮之臣攸赖’，意思是说以文化来治理天下，辅佐启导的文臣，最为可靠。我的名字就是根据这个典故起的，所以我拜师后就改叫弼臣了，我的表弟就叫良臣。当时我姑夫讲：不为良相，当为良医，这也成了我一生的座右铭。”

“臣字门派”源自19世纪40年代扬州城的朱姓医家。1851年，太平军打到了扬州，江南医学流派“臣字门派”的创立人朱冠臣加入了太平军，成为太平军江北大营的一名军医。太平军起义失败后，为躲避清朝政府抓捕，他改名换姓躲在民间替人看病，主治儿科，兼治杂症。由于医术精湛，医道堪佳，口碑甚好，被称为“江南小儿神医”。老百姓保护他幸免于难，医术才得以传承下来。后来他把医术传给了姜述臣、陈树臣，他二人是“臣字门派”第二代传人；姜述臣传授给他的儿子姜继臣，是第三代传人；然后又传给孙谨臣，孙谨臣成为“臣字门派”第四代传人，师承到刘弼臣就是臣字的第五代传人。

刘弼臣在学校读书时就聪明过人，学习成绩优异，曾两次破格跳级升学。在20世纪90

年代“刘弼臣教授学术研讨会”上，一位他中学时代的学友曾感叹地说：“如果不是赶上那个国破家亡的动荡年代，刘弼臣肯定是扬州国立中学的尖子生。”刘弼臣立志学医拜师更名后，便尊师苦学，悉听庭训。

被誉为“江南小儿王”的孙谨臣，名扬江浙，门前求医问药者络绎不绝，一天要看70多个病人，主要看的是小儿病症。那个时代的师带徒，不像现在，先上理论课，后实习操作，而是从打杂干起。当徒弟的要有眼力见儿，师傅对你讲的话并不多，关键是要品、要悟，对师傅的一举一动能心领神会，才算是真正的入徒。如果连这一关都过不去，师傅感到你的悟性不好，就不带你了，甚至被逐出门去。刘弼臣天性聪慧，学习十分刻苦。他白天随师傅侍诊于桌前，察言观色，一边看师傅为病人诊病，一边抄方子，闲暇还要照顾姑父的生活起居。晚上则勤于书斋，回顾师承，整理笔记，攻读医书，苦心钻研。从《黄帝内经》、《伤寒论》到《难经》、《金匮要略》等一一学起。半个月就把一本几百种药性的《药性歌括》背下来，然后就背汤头歌。汤头歌就是方剂，最不好背，因为方子里很多味药，一点灵活性没有，容易记错，背着背着就会背错，这条跟下条对不上了，一旦记混，就会出错方子，误人性命。

每当刘弼臣回忆起他初学中医的情景，总是深有感触地说："现在有很多年轻人，掌握不了方剂，大体上只知道几个方子，临床上就有局限性。方子一定要记住，给学生讲汤头不能错，如四逆汤、四逆散等，无论如何是要记住的。四逆汤由干姜、附子、甘草组成，性味温中，主治寒邪内阻、手足发凉、脉象沉细；四逆散由柴胡、枳壳、白芍、甘草组成，主治里面有热，手脚发凉，热厥之证。这些方剂的内在关系一定要从内心里搞懂弄通，才能不出乱子，做到对病症眼明心亮，出方子对症祛病。”

学会汤头以后，刘弼臣就跟师傅学脉诀，中医儿科还要学看小儿指纹。脉诀要学李时珍的《濒湖脉学》，做学生的要把浮脉沉脉等28种脉都背记下来，还有经络、奇经八脉、阳维阴维也要熟记于心。儿科诊病很重要的是看小孩指纹，因为小孩到了陌生环境喜爱哭闹，一哭气血不稳，号脉不准，就只能看指纹了，这就是中医儿科望诊中的虎口三关，即风关、气关、命关。看病童指纹，红色伤寒，紫色有热。这些中医儿科望诊的经验蕴集了中医深刻的科学内涵。刘弼臣通过师傅的耳提面命，逐渐明了了中华医学的博大精深。求知的渴望、报国的信念，促使他把全部的精力心血都投入到对中医理论和临证的学习实践中。

一次，师傅孙谨臣因事外出上海，刘弼臣在家坐值，恰逢一幼童急腹症，上吐下泻，高烧抽搐，在家的师哥们施方无效，束手无策。

年仅16岁的刘弼臣回忆孙谨臣的多种处置医案，结合自己的理解，认为是湿热泄泻。小儿感受暑湿之邪化热，导致胃肠功能紊乱，暴迫下注，泄多黄水，指纹色紫，有时可见高烧抽搐，严重的甚至死亡。刘弼臣秉承师傅之医训，采取用药不温热，忌收涩止泻，出一方清热利湿之剂，治以生津养胃、健脾燥湿、祛暑止吐、苦寒清热，并以平肝镇惊为辅。几副药下去，孩子的病症消退，数日后嬉戏欢笑，疾病痊愈，家长甚是感激，多方酬谢。此后，孙谨臣一年少高徒医病有神来之手的传说不胫而走，刘弼臣在家乡开始小有名气。孙谨臣对此高徒非常满意，每次出诊必是让其随之左右，每遇特症，皆对徒弟悉心指教，刘弼臣从中受益匪浅。

孙谨臣严格要求弟子勤于书斋，苦心探索，深明医理，知常达变。不可执一方以论病，不可执一病以论方，不可循一家之好而有失，不可肆一派之专而致误，必须论证中的，方药简而有效，守法严而不拘，变法活而不乱。孙谨臣常说："医者意也，治病者法也，主治者意也。择法而不精，徒法也；语意而不明，徒意也。"要求学生熟读并背诵《药性四百味》、《汤头歌诀》、《濒湖脉学》等中医基础书籍，且在"意"字上下工夫，认真思索。每于临证之时，都仔细分析，认真思辨，以获得证治概念，突出体现"意"治。他谆谆教导弟子，求"意"的关键是在人的思维。就是说要在精细分析因证的前提下，认真思辨而获得的证治概念，用"意"治来加以体现。严防审因者略证，审证者昧因，以贻知常而不达变，循变而反舍常之讥。其师孙谨臣虽为当地名医，却从不固步自封，尤其反对把弟子禁锢在自己的门派内。他常教导弟子要不拘一门，要广学博采。在老师的指导下，刘弼臣从一药一方一病学起，摹岐黄之术，习师门艺技，逐渐步入中医殿堂。师傅孙谨臣毫不保留地把师门经验和特色倾囊传授，为刘弼臣后来的业医之路打下了良好的基础。

1941 年，刘弼臣已 3 年满徒出师，适逢名医时逸人等人创办上海复兴中医专科学校，姑父孙谨臣向好友时逸人等人推介，刘弼臣考入该校，开始了新的学习。刘弼臣师从孙谨臣学医时为传统的师徒教授法，而在上海复兴中医专科学校学习则是多学科的系统学习。时逸人请了几十名上海的名中医给学生上课：其中有讲外科的张赞臣，讲中药的陈存仁，讲内科的程门雪，讲儿科的钱今阳等。授课老师中竟有相互对立的学术派别。他们在讲课时各执己见，旁征博引以示其正。例如，同为儿科的奚晓岚和徐小圃，一为寒凉派，一为温阳派，势不两立。但刘弼臣经过仔细观察，发现一种有趣现象：即常常奚晓岚看不好的病，徐小圃治好了；而徐小圃治不好的病，反在奚晓岚处见神效。因此，刘弼臣悟出一个道理："过于寒凉则应温阳，过于温阳则需寒凉，因人而异，不应拘于一门之见。”此时更感老师孙谨臣教诲的正确。同时也深深体会到“学习中医悟性是十分重要的”。悟就是理解，理解了才能掌握。

回忆起在上海学医的情景，刘弼臣饶有兴趣地说：“儿科的徐小圃，温阳派；奚晓岚，寒凉派，这是两大派系。我那会儿就是今天听奚晓岚老师讲课，明天听徐小圃老师讲课，讲过之后跟着他们实习，跟了有一年左右。当时，这两个老师还奇怪呢，哪有人像我这样学两门相反的学说的？不仅仅是两个理论体系，我还跟谢汇东学习了杂病论，兼收并学啊。你比如说，奚晓岚的寒凉药确实效果好，但是不能多用，再多用下去效果就不好了，须改方子，要多掌握一些才能够随机应变。”

上海复兴中医专科学校是民办的，由于经费紧缺，一年多就停办了，刘弼臣又进入上海中医学院深造，前后在两个学校学习虽然时间很短，但收获颇丰，吸收了各家各派的精华，开阔了眼界，丰富了知识。

1942 年，学习毕业后，17 岁的刘弼臣回到扬州，与父母商议，将自家的两间街面房改为诊所，挂上了“痧痘儿科刘弼臣诊所”的牌子开始行医，自此踏上了悬壶济世的漫漫之路。他牢记“医乃仁术”的师训，行医报国是他内心的人生支柱，不分贫贱富贵，不分老幼妍媸，只收取低廉的诊费，对无钱治病的病人一律义务诊治。在他 18 岁那年，一位少妇怀抱阵阵抽搐、嘴唇乌紫的孩子找到他的诊所。他急忙施救，先以针灸缓其抽搐，仔细临证处方，孩子仅服了一剂药便见奇效，三天病象消弭，病孩痊愈。从此，刘弼臣名噪故里，药香三江，诊所求医者络绎不绝。由于他医德敦厚，善孝两全，深受家乡百姓的爱戴，被亲切地称为“妙手回春小刘大夫”。

1946 年，苏北地区是第三次国内革命战争的主战场之一，作战双方在刘弼臣的家乡进行激烈的拉锯战。为了躲避战火，刘弼臣来到了南京，正好国民政府办了一个国医讲习所和首都中医院，医院聘请他做特邀中医师。在那里，他接触了大量的不同门派的中医名家，博采众长，荟萃于心，年仅 21 岁的刘弼臣逐渐走向成熟。1947 年，南京物价飞涨，仅靠中医师的一点薪水难以生存，刘弼臣辞去了中医师工作，到上海行医。上午在虹口出诊，下午在大世界看病，赖以维持生计。尽管如此，老师的医德师训仍是他行医的行为准则和职业规范。10 年间，他从家乡到南京再到上海，经其诊治者数以万计，口碑甚佳。

刘弼臣怀着感恩之心，既当好徒弟又尽晚辈的孝廉之道，既用医道布施善果又捧宽厚之心赤诚相待，深受姑父的赏识，孙谨臣评价爱徒时说："灵秀过人，心德纯良，感恩济世。"这种感恩之心伴随刘弼臣一生，他用感恩的心对待人生的风风雨雨，善待所有世间苍生；他用感恩的心拥抱每一个患者，把阳光送到他们的心田。

1949年中华人民共和国成立后，党和政府及时制订了一系列保护和发展中医国粹的政策。1954年毛泽东主席作出重要指示："重视中医，学习中医，对中医加以研究整理并发扬光大，这将是我们祖国对全人类贡献中的伟大事业之一。"并特别强调："今后最重要的是首先要西医学中医，而不是中医学西医。"1954年6月，毛泽东指示："即时成立中医研究机构，罗致好的中医进行研究，派好的西医学习中医，共同参加研究工作。"1954年10月20日，《人民日报》发表题为"贯彻对待中医的正确政策"的社论，中医终于迎来了发展的春天。

1954年刘弼臣到泰州参加扬州地区中医进修班。1955年又到江苏省中医进修学校（现南京中医药大学）举办的首批师资培训班，参加了“南京中医讲师团”，进行了教材编写、试讲和授课。经过反复进修学习，为刘弼臣未来的行医之路打下了深厚的中医根基。

赴京执教育桃李
大医精诚“小儿王”

1957年7月，32岁的刘弼臣在江苏省中医进修学校首批师资培训班毕业，并于同年9月作为中医优秀人才，奉调进京，执教于北京中医学院（现北京中医药大学）方剂教研室。从此刘弼臣登上了中国中医教育的最高讲坛，开始了他中医教学的生涯。

刘弼臣到方剂教研室工作后，在教学之余，研读了大量有关中医方剂的专著，提高了他的方剂学水平。刘弼臣虽然在中医方剂教研室工作仅有1年时间，却给他以后的临床医疗带来了丰厚的回报。直到五十多年后，刘弼臣谈起这段经历，仍是满怀深情地说：“在方剂教研室工作1年，终生难忘，为我临证选方打下了良好的基础。”因此，他认为：“没有深厚的方剂功底，不可能成为名中医。”同时，这段方剂学的教学工作，也为他日后成为一名优秀的中医儿科临床大家打下了坚实的基础。

1958年北京中医学院附属东直门医院建成后，刘弼臣即调到东直门医院儿科，风雨兼程50个春秋，既工作在中医儿科临床一线，又担负着临床教学任务。东直门医院儿科与学院儿科教研室实为一体，承担着北京中医学院中医儿科学本科生的临床教学任务。刘弼臣在中医儿科学的讲坛上，教书育人，明义释理，逐渐成为一名骨干教师。在教学中，他注重引导学生加强对中医典籍的理解和掌握。学生学习《黄帝内经》时，初入颇感深涩，有很多不懂的地方。他要求学生先将《黄帝内经》背下来，在背记时结合临床去理解，强调对中医经典理解中领悟的重要性。刘弼臣告诉学生：“《黄帝内经》相当于中医的病理学，我把《黄帝内经》真正弄懂了的时候，都快30岁了。作为一名合格的中医，对《黄帝内经》不仅要背记下来，还应注释出来，才能明白它真正的含义，把关键、实用的知识把握住。”刘弼臣把《难经》当成中医的解剖学，用《伤寒论》解读中医的外感病，将《金匮要略》作为治疗杂病的百科全书。包括《温病条辨》、《温热经纬》、《温疫论》都要学生掌握，搞懂什么是卫气营血，什么是六经辨证、气血痰湿辨证、五脏辨证等，区别温热和湿热。回想当年教学时的情景，刘弼臣感慨地说：“当老师就得想尽法子把学生教出来，那些年我们是三下三上，先是在课堂上讲课，讲一单元后下到临床，这是一下一上；临床会遇到许多问题，再把这些问题带到课堂上去研究、挖掘，然后又下到临床实践，这是二下二上；学生毕业后在工作岗位上工作若干年后，再组织一次‘回炉’，将临床经验和所遇到的问题统一汇总和提炼，这是三下三上，所以我在这几十年里，才有了创造性的东西。一个好的中医师，得学几十年才能摸着中医的底儿。”

1956年后，根据党和国家的政策，有关机构开办了多期西医学习中医的学习班，简称“西学中班”。刘弼臣除了完成本科生中医儿科的教学任务外，还承担了多期“西学中班”的大量中医儿科教学任务，每次均圆满完成任务，受到好评。教好任何一门课程都不是一件容易的事情，中医儿科教学也是如此。中医儿科教师不但需要具有十分扎实的中医儿科理论基础，而且还必须具有丰富的临床经验，才能搞好中医儿科教学。一个临床教师不但要明了如何治好病，还要明了为什么治好了这个病。为了使学生学好、学透，他总结了一套确有实效的教学方法——“刘弼臣教学法”，重点解决对典籍的理解与临证处置之间的关系。

在几十年的教学生涯中，刘弼臣始终奋斗在第一线，他对学生怀有深厚的感情，为解决学生在中医理论学习过程中一些难点问题，每堂课后他都会静静地坐在讲台上，不急于离去，等待学生们提出问题，并对这些问题分门别类，用专题的方式给同学们一一解答。“认真”两字是他讲课的法宝，他认为：“不认真是讲不好课的，不认真讲课，也就是浪费别人的时间。”注重教学内容和教学方式的有机结合是刘弼臣教学中的一大显著特点，他反对照本宣科式的灌注式教学，提倡启发式教育。每次授课，都引古喻今，旁引佐证，深入浅出，循循善诱，说理透彻，重点突出，引导学生进行思考。在讲述《黄帝内经》时，要求学生“上穷天纪、下极地理、远取诸物、近取诸身”，培养学生宽广的视野和深厚的国学素养。反复强调中国古代名医注重“究天人之际”、“通古今之变”，具备深邃敏锐的哲学思辨和触类旁通的医学灵感的重要意义。他把金元四家学说对儿科的指导性意义引入其中，使学生们在学习《黄帝内经》的同时，与中国历史及中医理论发展产生内在联系。通过中国医学史上具有代表性的以寒凉泻火著称的河间学说、专攻下祛邪的子和学说、补脾益气的东垣学说、擅长滋阴的丹溪学说等四家学说，把中医理论重地域和门类之别的特质，立体地呈现给学生。他的教学以历史的纵深、知识的广博、学识的厚重和思路的开阔引人入胜，深受学生们的赞誉。

1978 年，北京中医学院恢复了研究生考试制度，时年 53 岁的刘弼臣被确定为硕士研究生导师。面对中医的复兴，他踌躇满志，亲自拟定研究生培养方案，制订培养计划，并亲自命题，指导研究生进行选题，重点解决学生临床能力的培养。在知识结构上，刘弼臣认为，中医人才是以“文、医、史、哲四位一体”为特征的。他把张仲景“勤求古训，博采众方”，孙思邈“弱冠善读庄老及百家之书”，张景岳深究先秦诸子及宋明理学，通晓天文历法、术数、吕律，主张学医必先知《易》的古代名医的深厚文化底蕴，作为中医高端人才的培养要素，强调当代中医必须具有丰厚的传统文化学养，才能达到中医学的巅峰。

1990年，刘弼臣承担起人事部、卫生部、国家中医药管理局确定的名老中医师带徒任务。他内心十分清楚，中医师带徒是解决中医队伍后继乏人的重要途径。他是儿科“臣字门派”的第五代传人，几千年来，中医师带徒是培养中医人才的主要形式。刘弼臣在《在继承中发扬　在发扬中创新——论名医之路三阶梯》一文中写道：“唐代韩愈《师说》云：‘古之学者必有师’，故宋代欧阳修有‘古之学者必严其师，师严然后道尊’之论。俗云：‘名师出高徒’或‘名医出高徒’，这在一定程度上，反映了师承对培养专业人才的积极有效作用，通过名医的言传身教或点拨，无论是直接师承或间接师承，都是培养中医人才的有效途径。例如扁鹊从师于长桑君，张仲景从师于张伯祖，南北朝的徐之才祖传 6 代出名医 11 人。古往今来，任何一位名家的出现和学派的形成，无一不是先继承后发扬。发扬必先继承，有了继承，才能发扬，继承是基础，发扬是发展，没有继承犹如无源之水，无本之木，怎能谈得上所谓‘发展’、‘发扬’。”刘弼臣深切地感受到，这种自发形成的教育制度之所以沿用下来，主要是因为中医这门学科要求严细，实践性强，辨证论治灵活多变。尤其是中医儿科，有许多绝招，医疗经验、手法等等的继承，有些不是从书本上可以学到的，更多的在于口传心授，要手把手地去教。为了搞好继承工作，刘弼臣兢兢业业、一丝不苟，把自己多年积累的宝贵经验和心得体会都毫无保留地传教给学生。为了带出“臣字门派”的真正传人和学有成就者，培养出在理法方药、医德医风等各个方面都师承自己的中医人才，他摸索出了一套在中医理论与临床实践的关系上有成就、有个性、有深度、有细节、有诀窍，又有一定实践经验的实用性人才培养模式，特别是在发挥名师的点化和启发学生的领悟能力上，达到了炉火纯青的程度。在他的悉心培养指导下，他所带的两名继承人以优异的成绩通过了各级考核而顺利出徒。刘弼臣亲自为二位继承人分别题写医名，一为“济臣”（徐荣谦），一为“洪臣”（王洪玲），其良苦用心可见一斑。刘弼臣的长子刘昌明、次子刘昌艺从小就耳濡目染父亲的医德医风，在父亲的精心培育和悉心指导下，成为“臣字门派”的第六代传人。刘弼臣谆谆告诫弟子：继承是为了发展，发展必须以中国文化为根基，中医学的自然观及其阴阳、五行学说，是通过辨证论治与临床诊疗紧密结合在一起的，渗透于诊察、处方、用药等各个环节，根本无法分离。他要求弟子向不同门派的中医大家汲取精华，努力向集理论家、教育家、临床家于一身的中医大家的高度发展，要中医走独特的发展路子，不能脱离临床，单凭书本知识难在中医学上有所建树，更不应只从实验室里解决中医的药理问题。他这种理论与临床、思想与经验的高度一致性与和谐统一，为中医儿科的发展注入了新的活力。半个世纪以来，刘弼臣为中医儿科教育事业的发展贡献了自己的毕生心血，在他的讲台前迎来送往了一批批中医学子，在他的精心培育和指导下，他的学生遍布世界几十个国家，可谓“桃李满天下”。

悬壶济世七十载，拳拳赤心向苍生。刘弼臣就是怀抱着一颗爱心，一步一个脚印地走在为患者倾心祛病的岐黄之路上。刘弼臣把全部心血和精力投入到中医儿科事业中。他用慈爱去温暖患者，怀着感恩之情，全心全意为病人服务。

辨证论治是中医的灵魂，同样也是中医儿科临证治病的灵魂。刘弼臣紧紧抓住中医诊治这个核心，临证之时，四诊详察，认真审病，细心思辨，切中病机，选方精准，大胆用药，每收良效。他认为中医药学很重视抽象思维和形象思维，必须掌握唯物辩证法的思想方法，才能在临证时眼界开阔，取类比象，思维方式连贯，透过现象看到本质。例如他在治疗小儿脑积水症时，根据“至高之巅，唯风可到”的理论，创立了“息风利水”法；小儿遗尿，久治不愈，有因惊恐所致的，他根据“恐则气下”的理论，运用镇惊摄水法。他总结为：要不循常规，独辟蹊径，别具匠心，化生新意，从常人意想不到之处着手，每发巧思而奇中，这样也就能收到意想不到的效果。

刘弼臣在思想上从不墨守成规，开放性的思路使他的诊疗思想也呈现出多元化的开放特点。针对儿科的诊断特点，他建议把望闻问切与现代诊疗技术相结合，小孩子一进门，他大体上就能看出病因。不过有的病症，就要靠西医的检查方式，这种手段上的互补，是增大中医张力和诊断精确的重要手法。譬如中医诊断咳嗽是宏观的，那么就要用西医的微观来鉴别，是感冒咳嗽，还是气管炎咳嗽；是哮喘咳嗽，还是肺炎咳嗽；是细菌，还是病毒；是衣原体，还是支原体。来看病的小患者，可以让他化验，查血象，因为血象能告诉医生许多内容，帮助完成双重确诊，做到万无一失。如果血象很高的，就是细菌感染，用中药治疗，问题可以解决，石膏和黄连相当于西医的抗生素，还没有副作用。如果血象正常，不高的，就属于病毒感染，那么中药比西药好。所以他经常跟患儿家长讲，如果在西医院治疗两天还不好转，就赶紧到这儿来，用中药给患儿治疗。

1959 年，北京地区流行小儿腺病毒性肺炎，病死率高达 5%～15%，病情来势汹汹，许多幼儿园都关门封闭。刘弼臣仔细观察疫病的细微末节，认真研究临证病理，采用中医的治疗方法救治了35例病童，无一例死亡。1959年10月，有一例危重患儿，由于热久伤耗气阴，邪陷血分，迫血妄行，大量呕血、便血，8天8夜神智昏迷，3次呼吸暂停，西医几乎束手无策，家长丧失了治愈的信心。在这千钧一发的时刻，刘弼臣发挥中医的优势，在人工呼吸、输液吸氧的同时，用大剂量的别直参煎汤鼻饲，以益气固脱，从而使病情得到了有效的控制，脱固而血止，但患儿马上又现肢体抽搐，双目失明。刘弼臣临危不乱、遇变不惊，通过中医辨证，诊断为久病缠绵，脾损阴消，气血俱伤，肝木亢动，遂以“缓肝理脾汤”服之，叠进28剂中药而愈，无任何后遗疾患。

通过对流行性小儿腺病毒性肺炎的治疗，在积累中医临证的基础上，刘弼臣用中医辨证的思想对该流行病进行了中医病理分析。根据不同的病例特点，制订出数套完备的中医治疗方案，为 20 世纪 60 年代防治小儿腺病毒性肺炎作出了重要贡献，救治了大量的腺病毒性肺炎的患儿。刘弼臣治疗流行性小儿腺病毒性肺炎的方剂成为治疗该病遵循的经典。

刘弼臣秉承“新安学派”中儿科“臣字门派”的传统，在“悬壶济世、为民祛病”的生涯中，师古而不泥古，创新而不违经，其治疗儿科疑难杂症、多发病和常见病颇为独到。1983 年，一位 8 岁患儿，因数年面色萎黄，形容枯槁，食欲不振，肝脾肿大，鼻血常流，全身多有出血点和瘀斑，经多方治疗未果求治于刘弼臣。经刘弼臣辨证诊断为脾虚不摄，胃弱不纳，化源不足，肌肤失养。治以调理脾胃，益气摄血。处以归脾汤加减，连进 20 剂，患儿食欲转佳，面色红润，肌肤丰满，肝脾回缩正常，再未发生出血现象，完全恢复健康。《报告文学》1986 年第八期刊登了著名作家刘绍棠的报告文学作品《良医》，以生动的笔触描写了刘弼臣救治这例病危幼童的故事。

由于知名度的提高，刘弼臣每天都要接到许多求医问药的来信，为了更好地为患者服务，便根据来信所述病情，对一些症状明显的常见病和多发病，提出治疗意见，寄去供患者参考的药方，再根据服用的情况，寄去新的方子。如此循环往复，长期如一。许多患者足不出户，仅凭一纸处方便祛除了病痛。有感于他的精湛医术和崇高医德，一位患儿家长编了一段民谣："京城有个小儿王，疑难杂症施妙方。肺炎郁热宜苦降，肾病当服五草汤。眼肌无力世难治，三诊痊愈见日光。要想宝宝得安泰，请君莫忘小儿王。"每每听到人们对他予以"小儿王"称谓，刘弼臣总是含蓄地笑着，轻轻地摆摆手，意味深长地说："中医源远流长，名家众多，冠以'王'者，都是患者对医者的溢美之词。当代中医以大诚之心救治众生，就拿我们儿科中医来说，南方有徐小圃，北方有瞿文楼、王鹏飞，还有中医研究院的王伯岳等，都被患者和媒体尊称为‘小儿王’。其实，在我们头上冠以‘王’字，不仅仅是患者对我们的赞誉，更重要的是人民群众对中医学寄予的厚望，更是对我们这些医者提出的更高要求。”

2003年，北京遭遇“非典”。疫情的发展，令当时兼任卫生部部长的吴仪副总理非常焦急。一次碰头会上，刘弼臣用自己50年来治疗病毒性肺炎的成功经历向吴仪保证：“我们中医能行！”针对当时一些医务人员在“非典”治疗过程中排斥中医中药的现象，他向吴仪提交了大量病例材料，证明对于病毒性肺炎，中医治疗完全有优势。刘弼臣用1959年在北京曾用中药治好了一批病毒性肺炎患者而没有一例死亡的病案来说明中医治疗病毒的奇效。他向吴仪副总理表态说：“SARS就是病毒嘛！只要是病毒，就不必惊慌，我们中医在治疗病毒性肺炎方面，有自己一套卓有成效的办法。中医治疗能明显减轻症状，缩短发病时间和住院时间，促进炎症吸收，减少后遗症，缓解抗生素、激素等带来的副作用。”在刘弼臣等一批名老中医的积极建议下，在收治“非典”患者最多的北京16家定点医院全面实施了中西医结合疗法，约有一半病人在治疗过程中服用中药。2003年5月中旬，北京胸科医院送出了首批中西医联合疗法治愈的“非典”患者。世界卫生组织专家马圭尔表示，中医治疗“非典”的经验“值得研究和学习”。“非典”过后，刘弼臣对记者自豪地说：“面对各种疑难杂症，我始终相信，中医有其一席之地！”

力主少阳衡为枢
从肺论治开新篇

从1963年开始，已近不惑的刘弼臣，怀着对恩师孙谨臣的敬仰之情，认真研究“臣字门派”的经典验方、传统诊疗方法和治疗小儿疾患具有代表性的病案。通过他的理论积累和临证经验，提炼归纳出具有“臣字门派”特色的学术思想，努力使中医儿科的理论体系更加完备、方剂验方更加周全，疗效进一步提高。

为了阐述“臣字门派”中医儿科诊疗的方法论，首先要确立指导方法和思辨体系，在这一方面，刘弼臣作了多年的研究和储备。1962年，他在北京中医学院校刊刊登了《中医儿科基础理论上应倡导“少阳学说”》的文章，在文中提出了用“少阳学说”取代“纯阳学说”和“稚阴稚阳学说”的观点。为了攀登中医儿科理论的制高点，刘弼臣对宋代钱乙把小儿生理病理概括为“脏腑柔弱，易虚易实，易寒易热”的学说，清代吴鞠通《温病条辨·解儿难》中所述“小儿非纯阳乃少阳之体”的观点和清代石寿棠《医原·儿科论》一书中论及小儿体质时力主少阳的理论进行了深入研究。集百家之优长，汇古今之精华，提出了有独到之处的学术观点，他在文章中说：“数百年来在中医儿科基础理论上始终存在着‘纯阳学说’和‘稚阴稚阳学说’的争论。特别是在编写教材过程中，总是面临这一儿科基础理论问题。持‘纯阳’之论者，认为小儿体禀‘纯阳’，罹病容易化热，宜用寒凉，故以寒凉学派而著称。持‘稚阴稚阳’之论者，则认为小儿赖阳以生，依阴而长。然而小儿阳尚未盛、阴亦不足，治疗还要处处注意护阳养阴，并创立温热学派而著称于世。‘纯阳’是根据小儿‘生机蓬勃，发育迅速’而提出的，‘稚阴稚阳’是根据小儿‘脏腑娇嫩，形气未充’而提出的，是对立统一的辩证关系。各有千秋，互有偏颇，不能强调某个侧面，而否定另一个侧面。‘纯阳学说’和‘稚阴稚阳学说’长期并存到今天，已经影响了中医儿科基础理论进一步发展。因此，应倡导用‘少阳学说’取代‘纯阳学说’和‘稚阴稚阳学说’。”

在对少阳学说的理解上，刘弼臣归纳为“四主一枢”。

一是“少阳”主春。“少阳学说”在天象征着春天，主小儿生长发育。这种特点在人的一生中好似自然界的春天，万物争荣，生机盎然，洋溢着蓬蓬勃勃、欣欣向荣的气象。充分体现了小儿体禀“少阳”，阳气偏盛，蒸蒸日上，生机勃勃的生理特点。二是“少阳”主肝。“少阳学说”在脏象征着肝，亦主小儿生长发育。肝者，象征着东方，象征着春天，主少阳之气，为生发之始，为有余之藏，称为“肝常有余”。《素问·金匮真言论》曰：“有东方青色入通于肝，开窍于目，藏精于肝……其味酸，其类草木……其应四时，上为岁星，是以春气在头也。”三是“少阳”主心。“少阳学说”亦主心，心主“少火”，亦主小儿生长发育。心者，象征着南方，象征着夏天，主君火。为阳中之阳，君火实为少火，少火生气，故亦称为“心常有余”。少火实乃少阳也，“少阳”在人体，象征着少火，少火是维系生长发育之生生之气，是人体生命之原。四是“少阳”主肾。“少阳学说”亦主肾，《灵枢·本输》篇云：“少阳属肾。”肾主骨生髓通于脑，为先天之本，小儿的生长之机皆源于肾，是小儿生长发育之根本所在。随着肾气的生长发育，小儿肾中之阳气也在不断强大，不断成熟。

“少阳学说”通过突出“少阳”主春、主

肝、主心、主肾，强调小儿阳偏盛，在生理特点上展现小儿“生机蓬勃，发育迅速”。小儿不同于成人的最显著的生理特点就是处于不断的生长发育当中。小儿身体不断的生长发育必须依赖阳气的不断生发、阴液的不断补充来实现。因此，在小儿时期阳气显得尤其重要。小儿体禀“少阳”，阳气偏盛，有利于小儿不断生长发育的需要。同时“少阳学说”强调小儿“阳气”稚嫩，“阴”更稚嫩，在病理特点上突出反映小儿“发病容易，传变迅速”的特点。在小儿“阴阳平衡”中“阳气”始终占主导地位。从表面上看，“少阳学说”只强调了“阳”并未提及“阴”，但是，根据中医学阴阳互根，相互为用，相互依存，独阳不存，孤阴不长的阴阳观来看，小儿出生之后就存在着自身的阴阳平衡。人体的阴阳平衡是维系人体生命的基本要素。小儿也是如此。《素问·宝命全形论》云：“人生有形，不离阴阳。”小儿自从离开母体，就开始了自身阴阳平衡的过程。

“一枢”则是“少阳”为枢。“少阳学说”理论的核心是“少阳为枢”。“少阳为枢”表现在小儿生理特点上的“变”。这种在小儿生理上体现的“阴阳平衡”动态性变化，是维系小儿生命的基本要素。“少阳为枢”在小儿生理上体现小儿形体与智慧的发育，集中表现为“变”；在病理特点上体现小儿发病容易、易于发热和患病后“传变迅速”的“变”；在小儿的易趋康复上体现了阳气偏盛，生机蓬勃，活力充沛，脏气清灵，反应敏捷，修复能力极强的“变”。“少阳学说”既避免了“纯阳学说”对于小儿阴阳二气稚嫩和不足阐述不清的缺点，也避免了“纯阳学说”之“纯阳”易被误解为“纯阳无阴”的不足。而且“少阳学说”还避免了“稚阴稚阳学说”单纯强调小儿肌体嫩弱和不足，对小儿生机蓬勃，发育迅速，肌体自身修复能力极强的生理特点强调不够的缺点。同时，“少阳学说”集中体现了“纯阳学说”小儿生机蓬勃，发育迅速，生机盎然，修复能力极强的生理特点，反映了小儿热病居多的病理特色。同时“少阳学说”也体现了“稚阴稚阳学说”的小儿阳气虽盛，但尚稚嫩和不足，“阴”相对“阳”更显不足和稚嫩，展现了小儿脏腑娇嫩，形气未充的生理特点。表现了发病容易，传变迅速的病理特点。

“少阳为枢”是“少阳学说”的理论核心。用“少阳为枢”来解释小儿的生理特点与病理特点，较之“纯阳”和“稚阴稚阳”更为左右逢源，灵巧自如。因此，“少阳学说”可以概括“纯阳学说”和“稚阴稚阳学说”。

刘弼臣解决了中医指导性理论问题后，他立足北京，开始思考中医儿科论治上的新思路。刘弼臣拜孙谨臣为师的江淮之地，是各中医学派交汇的节点，临近江南温病学派的发祥地。通过学习和掌握江南地区的温病学说，刘弼臣打下了深厚的中医基础理论的根底。多年的教学和临床经验使他深刻地认识到，儿科疾病的发生和分类与地域有着密切的关系。因此，刘弼臣奉调进京后，便把北京的地理环境、气候特点，当地儿科疾病的种类和各地名医汇集归类于京城所形成的“燕山医学流派”。

在对儿科疾病学的研究中，刘弼臣还发现随着时代的变迁，儿童的疾病谱也有很大的变化。过去的儿科疾病谱都是以传染病为主，现在则以呼吸道疾病占第一位，消化道疾病占第二位，而且出现了许多较为难治的病，像抽动-秽语综合征、心肌炎、肾病、肾炎等，现在西医中出现的病名，过去中医儿科里没有。燕山医学流派注重对肺的调治，特别是对呼吸道疾病的诊疗。刘弼臣运用他所倡导的中医“少阳学说”作指导，把自己学成于南方、悬壶于北方临床经验相结合，逐步形成了融会南北的学术思想体系——善用五脏证治，突出从肺论治，兼顾他脏，抓住要害，出奇制胜。其核心就是“从肺论治”的学术思想。

肺者，其位最高，为五脏之华盖，主皮毛而司呼吸，开窍于鼻。因此，外邪犯人，无论从皮毛而入，还是由口鼻而入，必先犯于肺。小儿为“少阳之体”，脏腑娇嫩，形气未充，肺常不足，易受外邪侵袭。加之小儿寒暖不知自调，则更易感受外邪。特别是北方地区，气候寒冷，风沙较大，肺系疾患更多。因此小儿外感性疾病所占的比例明显高于成人，且易于传变，引起其他脏腑的病变。刘弼臣对《黄帝内经》、《伤寒杂病论》、《温病条辨》等经典著作仔细研读，体会颇深。他崇尚孙思邈、钱乙、万密斋、龚廷贤、吴谦、叶天士等诸家，并深入研究和探讨，继承和发展了钱乙“五脏证治”的学术观点。他根据小儿脏腑娇嫩，肺常不足，易受外邪侵袭的生理特质及小儿体属少阳，受外邪后极易传变，波及他脏的病理现象，提出了具有继承创新精神的从肺论治的学术思想。经多年临床实践，疗效确切。对某些疑难杂症，独辟蹊径，每多巧发而奇中，收到意想不到的效果。

五脏分证最早见于《黄帝内经》的“风论”、“痹证”、“痿证”、“咳论”等篇章。《难经》、《金匮要略》、《中藏经》、《备急千金要方》均有所发展。宋代钱乙观察到小儿脏腑柔弱，而又体禀“纯阳”，生机蓬勃，患病之后所反应的病情十分复杂，易寒易热，易虚易实。钱乙依据《黄帝内经》五脏学说和五行学说的理论，并结合自己的实践经验，创立了“五脏证治”的理论体系。但是，由于五脏性能不同，所以感受病邪后临床症状也不相同。例如：肺属金，主气。肺气有余，气机郁窒，则喘满闷乱。肺有热，口渴引饮。肺热不甚，或有停饮，则不欲饮水。肺气不足则气息不利。因此，《小儿药证直诀·五脏病》云：“肺病闷乱哽气，长出气，气短喘息”，以及“肺主喘，实则闷乱，有饮水者，有不饮水者，虚者哽气，长出气”。刘弼臣认为，钱乙“五脏证治”的理论虽然源于《黄帝内经》、《难经》、《金匮要略》、《中藏经》、《备急千金要方》等书，选列的主证亦超前辈，既适用于六淫外感，也可用于内伤杂病。这是钱乙结合小儿特点，发展前人理论之处。然而钱乙毕竟受到历史条件及个人经验的局限，在理论上尚有进一步阐发的必要。例如：肺居胸中，与大肠相表里，外合皮毛，上连喉咙，司呼吸，主宣发肃降，输布津液，通调水道，下输膀胱。举凡外发疮疹，内结肠燥，上则咳喘，下则便秘，均与肺有密切关系，尤其肺开窍于鼻，鼻与喉相通而连于肺；鼻和喉是呼吸的门户，故有“鼻为肺窍”，“喉为肺之门户”的说法。“肺气和，呼吸利，则嗅觉灵敏，声音能彰”，故《灵枢·脉度》云：“肺气通于鼻，肺和则鼻能知香臭矣。”《素问·六节藏象论》云：

“五气入鼻，藏于心肺，上使五色修明，音声能彰。”由于肺开窍于鼻，与喉通连，所以外邪袭肺多从鼻喉而入。肺的病变也多见鼻喉的症状，如鼻塞、流涕、喷嚏、喉痒、喑哑和失音等。反之，鼻咽的病变，也多影响到肺，导致肺气不利，变生诸证。因此，刘弼臣在临证中非常重视诊察小儿苗窍的变化，提出“从肺论治”的依据，以补充和发展钱乙“五脏证治”的理论体系，突出“从肺论治”的学术思想。

“从肺论治”学术思想的实质是对中医经典的提炼和升华、继承和发展。钱乙十分强调五脏分证，但并不意味着分裂五脏间的相互联系，相反，却极为重视五脏间的相互影响。《小儿药证直诀·肝病胜肺》云：“肝病秋见，肝强胜肺，肺怯不能胜肝，当补脾肺治肝……”刘弼臣继承了钱乙这种把“五脏证治”看作一个整体的学术观点，既重视各个脏腑分证的特点，又把各个脏腑分证看作一个整体；既十分重视各个分证之间的相互关联，又非常关注脏腑之间在生理上互相协调，互相促进，互相影响的内在关系。

“从肺论治”在医理上依据小儿肌肤嫩弱，卫外功能差，易受外邪侵袭，小儿呼吸道疾病所占的比例很大的特点，分析小儿肺脏受邪后又易引起其他脏腑病变的状况，认为肺脏在小儿时期的重要性比成人更为重要。因此，刘弼臣提出了治肺既可治疗肺脏本身的疾病，又可治疗肺外其他脏腑的疾病的中医学术理念。“从肺论治”，调肺利窍，祛邪外出，不仅可把疾病消灭在萌芽阶段，而且常可起到清除病灶，避免滋生变证的效果。在临床治疗上，刘弼臣运用“从肺论治”的医理对症施治，取得了良好的疗效。

一、泻肺法治疗小儿慢性咳嗽

小儿慢性咳嗽长期不愈，喉中有痰，时轻时重，有的甚至经年累月。刘弼臣认为，小儿慢性咳嗽虽然有多种因素，如《素问·咳论》云：“五脏六腑皆可令人咳，非独肺也。”但是刘弼臣在临床实践中发现，相当多数的患有小儿慢性咳嗽的患儿，其咳嗽往往与“痰”有着极其密切的关系，而“痰”在小儿慢性咳嗽中具有共性的特点。因此，刘弼臣认为，痰浊恋肺，肺气不利，宣肃失司，是小儿慢性咳嗽的基本病机。为此刘弼臣采用清肺祛痰法为主，以钱乙的泻白散为基本方加减治疗小儿慢性咳嗽，获得良好的临床疗效。

二、补肺祛痰法治疗特发性肺含铁血黄素沉着症

特发性肺含铁血黄素沉着症是肺泡毛细血管出血性疾病，以含铁血黄素沉着于肺为特征。西医多采用激素疗法，但易复发，迁延难愈。中医传统治法多采用清热止血法，使咯血症状得到缓解，但根治较困难。刘弼臣认为，特发性肺含铁血黄素沉着症属于本虚标实，虚实夹

杂。本虚是指肺气虚，标实是血液沉积于肺。因此关键是气不摄血，血不循经，溢于脉外，沉积于肺。用补肺阿胶汤加减，益气补肺，清热化痰，活血祛瘀，既可补气摄血，使血循常道而不溢于肺，从根本上治疗本病，又能清除沉积之瘀血痰浊，使其较快痊愈。急性期以咯血或痰中带血为主，治疗配以凉血止血；缓解期以咽干痰黏难出为主，治应清咽利喉，润肺祛痰；恢复期则以肺脾气虚症状明显，必须健脾益肺，化痰止咳。

三、"从肺论治"小儿病毒性心肌炎

刘弼臣提出从肺论治小儿病毒性心肌炎，包括两个方面，一为祛邪，一为扶正。早期以祛邪为主，后期以扶正为主。所谓祛邪，即采用疏风解表，清肺化痰，利咽通窍等法祛除外邪，使邪去正安，截断邪气由肺传心的途径，使心不受邪侵。所谓扶正即以补益肺气为主，增强机体抵抗外邪的能力，少受或不受邪气的侵害。扶正与祛邪是辩证的统一，通过祛邪清肺以利气血运行，得以养心复脉，这是刘弼臣治疗小儿病毒性心肌炎的基本观点。1987 年，一位 1 岁半的患儿就诊。患儿 10 余日前咳嗽，发热，胸痛，身痛。查体，左下肺少许湿啰音，心音稍低钝，早搏频繁，20～30 次/分钟。X 线胸片示：心影丰满，左侧肺门可见小片状阴影。心电图：窦性心律，高位室性期前收缩。诊为肺炎，病毒性心肌炎。经抗炎治疗及服用维生素 C 后，症状有所缓解。征象：流涕，轻咳，胸痛，纳稍差，二便调。精神稍差，咽充血，扁桃体 Ⅰ 度，未见分泌物。心音稍低钝，心率 100 次/分钟，律不齐，早搏 5 次/分钟。双肺呼吸音清，未闻啰音，胸背部少许红色丘疹。证属邪毒袭肺，由肺传心，外发于肌肤则见皮疹，内传于心则脉律不整。治宜清肺透疹，解毒调心。方以银翘散加减：金银花、连翘、牛蒡子、丹参、苦参各 10g，竹叶、荆芥各 5g，芦根 20g，桔梗、甘草各 3g。服 7 剂后，疹退，不流鼻涕，但有低热，盗汗，烦躁，纳呆，大便干，晚间早搏增加，10～20 次/分钟。查体：咽红，扁桃体Ⅰ度，无渗出。心音有力，心率 114 次/分钟，未闻早搏。证属余热未清，邪郁咽喉。治宜清肺利咽，解毒复脉。方以玄参升麻汤加减：玄参、黄芩、锦灯笼、制大黄各 10g，升麻、桔梗、甘草各 3g，丹参、苦参各 15g。服 5 剂后，低热已退，仍有盗汗，烦躁，眠差，纳呆。查体：咽红，扁桃体不大。心率 100 次/分钟，早搏 10 次/分钟。证属余邪留恋而气阴已虚。治宜清热祛邪，养阴敛汗。方用当归六黄汤加减：当归、黄芩、黄柏、黄芪、生地黄、丹参、苦参、五味子、阿胶、浮小麦、煅龙骨、煅牡蛎各 10g，黄连 2g，炙甘草 3g。服上方两周后盗汗已止，早搏基本消失，改以生脉散和炙甘草汤益气养阴。1988 年复诊，患儿诸症悉除，复查心电图正常，超声心动图正常，心肌酶谱正常。

四、“从肺论治”小儿肾病综合征

小儿肾病综合征的发病与感受外邪有密切关系，发病早期往往伴有流涕、咳嗽、发热、咽喉不利等肺系症状。恢复期则以脾肾两虚症状较为明显。刘弼臣认为，小儿肾病综合征与肺脏关系极大，提出从肺论治。采用清肺利咽、清肺通窍等方法，清除肺中之邪气，截断邪气下传脾肾的通道，使脾肾不受邪侵，保持水液代谢功能的正常。特别强调，清肺要彻底，而关键在于清利鼻咽，使肺之门户得清，不使邪气留恋。从肺论治小儿肾病综合征，并不局限在治肺，而是以治肺为重点，兼顾脾肾，尤其是肾病恢复期，脾肾气虚症状明显时，则以脾肾为主。维护和恢复肺、脾、肾三脏调节体内水液代谢的功能，促进肾病患儿的早日康复。1992 年，一位 5 岁半的患儿就诊。患儿 1990 年春节期间咽喉不利，红肿疼痛，尿量减少。

两日后出现颜面浮肿，数日后阴囊及双下肢均出现水肿，经武汉市某儿童医院确诊为肾病综合征。用抗生素及正规服用强的松两个月，浮肿有所减轻，尿蛋白降为（＋＋）。出院后改为地塞米松口服。在其后两年多的时间内，病情多次反复。刻下：全身浮肿，咽喉不利，声音嘶哑，纳差，大便可，小便量少，每日约100ml。查体：颜面肿胀，咽红，扁桃体Ⅱ度，未见分泌物，心（－），肺（－），腹部膨隆，腹围66cm，移动性浊音（＋），阴囊明显水肿，呈半透明状，双下肢可凹性水肿，舌质红，苔白腻，脉弦滑。实验室检查：尿蛋白（＋＋＋＋），血浆总蛋白3.6g%，白蛋白1.0g%，尿素氮4mg。证属外邪久恋于肺，不能通调水道致水液泛滥而发水肿。治宜清咽泻肺，利水消肿。方以玄参板蓝根汤加减：玄参、板蓝根、猪苓、桑白皮、大腹皮各10g，鱼腥草、车前草、益母草、倒扣草各15g，山豆根5g，灯心草、生姜皮各1g。服21剂后，浮肿消退，尿量正常。唯咽喉不利，声音嘶哑，汗出较多。查：咽稍红，扁桃体不大，舌红少津，苔薄，心肺（一），腹平软，腹围62cm，移动性浊音（一），脉弦细。实验室检查：尿蛋白（一），血浆总蛋白4.9g%，白蛋白2.4g%，球蛋白2.5g%。此为利尿后阴液受损，不能濡润咽喉。治当继用原方加减。为防进一步损伤阴液，上方去灯心草、大腹皮、生姜皮、猪苓，加蝉蜕3g，凤凰衣、钩藤各10g以增清利咽喉之力。服30剂后，病情平稳，咽清音正，浮肿无反复，汗亦有所减少。查：面色红润，咽（一），舌淡红，苔薄白，脉滑。实验室检查：尿蛋白（一），血浆总蛋白6.0g%。白蛋白3.6g%，球蛋白2.6g%，胆固醇159mg%。继用上方加减随证治之，服药两个月，病情平稳，无反复。

五、从肺论治小儿抽动-秽语综合征

抽动-秽语综合征属儿童行为障碍性疾病，

以头部、躯干、上下肢不自主抽动，喉中发出奇特叫声或詈骂不避亲疏为临床特征。由于西药氟哌啶醇等药物有锥体外系不良反应及动作减慢、肌张力增高等副作用，许多患儿家长求助于中医中药。中医对小儿抽动-秽语综合征，传统的治疗多采用平肝息风、镇静止痉等治法，有一定疗效。刘弼臣经多年临床观察，发现患有抽动-秽语综合征的患儿多伴有鼻腔不利，鼻腔黏膜发红，鼻塞痛痒，鼻流浊涕及咽喉不利，咽干咽痛，咽部红肿等鼻咽部症状。这些症状都属于“肺系”症状，而且往往感受外邪后肺系症状加重。此因风痰鼓动，外风引动内风所致。宜从肺论治，采用疏风宣肺，清肺化痰，利咽通窍等法治之，使风邪得散，痰浊得清，则抽动-秽语综合征自然消失。2005 年 7 月 3 日，一位 8 岁男孩初诊。主诉：无明显诱因挤眉弄眼、咧嘴 6 年。患儿 1999 年以来，经常出现不自主地咧嘴、眨眼，遂至当地某医院诊为抽动-秽语综合征，服用安坦、安定等收效不显。现症：挤眉弄眼，缩鼻张嘴，但无重复动作及语言，无注意力不集中及秽语等症状。小便短赤，大便干结，舌红，苔黄腻，脉滑。治以调肺平肝，化痰息风。药用蝉衣 5g，青果 10g，木瓜 10g，半夏 5g，伸筋草 10g，黄连 3g，菊花 10g，白附子 10g，钩藤 10g，全蝎 10g，7 剂，每日 1 剂，水煎服。嘱忌食海鲜发物，稳定情绪，避免精神紧张。停用其他一切药物。7 月 10 日二诊：上药服后，诸症明显减轻，饮食、二便正常，偶有眨眼，舌苔薄黄，脉滑。再守原方，加柴胡、枳实、白芍加强化痰之功。处方：木瓜 10g，半夏 5g，伸筋草 10g，黄连 3g，菊花 10g，白附子 10g，钩藤 10g，全蝎 3g，柴胡 3g，枳实 10g，白芍 10g，甘草 3g，14 剂，每日 1 剂，水煎服。前后治疗 4 个多月，症状消失。继以六君子汤加减调理脾胃以善其后，未见复发。

六、从肺论治小儿眼肌型重症肌无力

眼肌型重症肌无力是一种慢性自身免疫性疾病，系神经肌肉交接处传递功能障碍所致。中医称为“睑废”，治多从脾。但是刘弼臣认为，该病的发生发展与感受外邪有关。许多眼睑下垂症状在感冒发热后发生或加重。因此，提出在眼肌型重症肌无力的初期或因感受外邪后眼睑下垂症状加重者采用从肺论治的方法，清热祛邪，往往使眼睑下垂症状得到迅速恢复。1988年3月，一位两岁女孩就诊。患儿两个月前因受凉而发热，咳嗽，当地医院诊为肺炎，经肌肉注射青霉素等药物后肺炎痊愈。10日后突然眼睑下垂，朝轻暮重。近10天来，双眼睑下垂明显加重，至晚则抬举不起。多家医院均诊为“眼肌型重症肌无力”。征象：双眼睑下垂，右侧为甚。查：左侧睑裂1cm，右侧睑裂0.6cm。咽红，舌红苔薄，心（一），肺（一），脉滑。证属感受风热后，睑胞热极致废而不用。

治宜疏风清热，升举眼睑，方用玄参升麻汤加减：玄参、板蓝根、升麻、荆芥、豆豉、柴胡、葛根、竹叶各10g，薄荷3g（后下），山豆根5g。服10剂后眼睑抬举明显好转，但近几日又流涕，咳嗽，发热，眼睑下垂复加重。查：体温37.5℃，咽红，心肺（一）。证属外感风热，风热上攻。治宜疏风清热，解毒祛邪。方用银翘散加减：金银花、连翘、荆芥、豆豉、牛蒡子、竹叶、赤芍各10g，薄荷、桔梗、蝉蜕各3g，生石膏25g（先煎）。服7剂后，体温降为正常，眼睑亦有所恢复。遂改用补中益气汤加减继服以强健脾气，升举中气，继服月余康复出院。刘弼臣“精于五脏证治，突出从肺论治”的学术思想使他成为近代中医儿科四大学术门派（奚晓岚的寒凉派、徐小圃的温阳派、江育仁的运脾派、刘弼臣的调肺派）之一的“调肺派”创始人。尤其是“少阳学说”是对现有中医儿科基础理论最主要的发展与创新。“少阳学说”结束了中医儿科数百年来在基础理论上存在的“纯阳学说”和“稚阴稚阳学说”的学术争鸣，对于中医儿科的学科建设有着里程碑的意义。

独辟蹊径治杂症
望诊诀句千古传

每谈到中医治疗疑难顽症时，刘弼臣总会回忆起他在扬州随姑父诊病的时光：在扬州的十二圩，一天能看 70 个病人，大部分都是天花、麻疹，所以在那个时代，掌握了天花的诊断和治疗，基本上可以包揽内、外、妇科。因为天花有六个阶段，如果会治，就能找到每个时期的治疗要点。由于掌握了治疗过程中的关键环节，对其他病症的治疗也会迎刃而解。刘弼臣自豪地说："那个时候打下的底子至关重要，因此现在我治许多疑难杂症才不费劲。"

对中医治疗的精髓，刘弼臣深入浅出地说："拿哮喘来讲，西医认为是过敏引起的，中医认为是长时间有痰引起的。西医用抗过敏的方法治疗。中医呢，早期用清热。可是到我这儿来看哮喘的，都是很久不好的顽症，所以我现在采取调肺论治，主要有八个方法：疏、通、宣、清、温、降、补、敛。哮喘的孩子到我这儿，就完全治好了。简单说就是收敛肺的耗散之气。一般采取乌梅、五味子等七味药，让小孩不要出汗了。出汗少了，肺气消耗就少，就有利于恢复。这七味就等于西医的脱敏药，既符合中医的治疗，又符合西医的治疗。这几味药也可以振奋抗哮喘的正气呀，治 3 个月就可以完全好的，从此不再发作。我们是双管齐下呀。”

小儿湿热病是发病多、范围广的一种病象。内因多由脾气虚损，不能运化水湿所致，外因则多由气候环境潮湿所致。面对小儿湿热病，刘弼臣以传统治法为基础，从叶天士苦辛通降治疗“中焦湿热”的学术思想受到启发，结合自己的临床实践，创立了“辛开苦降法”治疗小儿湿热病，炮制了大小苦辛汤。其中“小苦辛汤”由黄连 1.5g，黄芩 10g，干姜 1g，半夏 3g 四味药组成，主要用来治疗上、中焦之湿。“大苦辛汤”由黄芩 10g，厚朴 3g 二药组成，主要用来治疗下焦湿热。为了方便临床应用，刘弼臣分别将其适应证各概括为八个字：“小苦辛汤”的适应证是“胸腹胀满、泛吐痰饮”；“大苦辛汤”的适应证是“少腹胀满、二便不爽”。用“辛开苦降法”治疗小儿湿热病取得了很好的疗效，特别是对小儿肺炎、小儿变应性亚败血症、小儿再发性呕吐、小儿腹泻、小儿头痛和十二指肠空肠吻合术后十二指肠瘀积症等病症疗效显著。

在临床具体应用上，刘弼臣要求必须把握好适应证和药物的剂量，因为二方中苦寒之药比重大，大苦沉寒，易伤脾胃。小儿脾本不足，应用苦寒之药应更加小心，剂量不可过大，防其伤脾胃。辛温大热，有致口燥咽干之弊。刘弼臣反复强调，“微苦以清降，微辛以宣通”，其关键在于“微”字。因此。在一般情况下，本方原剂量足矣，在保证临床疗效的基础上取最小剂量，即祛邪又不伤正。“用药清灵，量少力宏”是刘弼臣临床用药的显著特点之一。

在治疗小儿疑难顽症上，刘弼臣吸取了新安学派用经方而不拘于经方临证施治的学术思想，遵从中医的基本理论，在辨证论治的基础上，知常而达变，临证创新，独辟蹊径，从常人意料不到之处入手，抓住疾病的关键之点，加以治疗，使疾病迅速向愈，收到事半功倍之效。许多疑难疾病，在别处久治不愈，而一经他手，往往随手而瘥。

在治疗儿科杂症和顽症上，刘弼臣积累了丰富的临证经验。

一、三黄四物泻心汤治疗小儿过敏性紫癜

小儿过敏性紫癜是一种毛细血管变态反应性疾病。临床以皮肤紫癜、消化道黏膜出血、关节肿痛和尿中带血为临床表现。临床类型较多，其中以皮肤型最为常见。皮肤型紫癜的早期，皮肤出血明显，中医辨证属阳斑者，为温热或湿热所致。热邪犯于血分，迫血妄行，不循常道，外溢于肌肤则发紫癜。刘弼臣不但注意到其发病为邪热所致，而且还注意到，随着血液外溢，必将导致血液亏损。他根据祛邪以安正，扶正以祛邪的原则，创立了三黄四物泻心汤。方中重用黄连、黄芩、黄柏以清热祛邪、宁血止血，伍用四物养血和血以补其虚。1992年1月25日，一位11岁女孩就诊。患儿发热，皮肤出现出血点而就诊入院。现症：发热，咽痛，皮肤有出血点，纳差，二便调。查体：体温37.5℃，面色潮红，咽红，扁桃体Ⅱ度肿大，舌红，苔黄腻，脉滑数。心肺（一），腹平软，无压痛，肝脾未及。臀部以下皮肤尤以小腿内侧，见有密集的红色或暗紫色出血斑点，小如针尖，大如黄豆。证属湿热内犯心脾二经。

心脾为湿热所犯，主血、统血的功能受到影响，血液不循常道，外溢于肌肤发为紫癜。治宜清热燥湿以宁血止血，佐以养血和血。方用三黄四物泻心汤加减：黄连 2g，黄芩、黄柏、赤芍、牛膝、当归各 10g，生地黄 15g，川芎 5g，白茅根 30g。15 剂，每日 1 剂，水煎，分 3 次服。方中加白茅根凉血止血，加牛膝引药下行，以达下肢。二诊（1992 年 2 月 10 日）：体温正常，皮肤出血点明显减少。查体：面色红润，舌红苔白腻，脉弦滑。皮肤出血点多转为暗红色，少许为红色。此为湿热未尽，上方加藕节、鸡血藤、阿胶各 10g，以加强止血。继服 1 周，紫癜逐渐消退，未再出现新的出血点。出院后，随访年余，未再复发。

二、疏肝温胆法治疗小儿郁证

小儿郁证属小儿行为异常性疾病，每由肝郁胆虚所致，治疗多注重疏肝。刘弼臣不但注重疏肝，同时还兼以温胆，表里兼顾，使疗效得以提高。一个12岁的患儿自与人吵架后，性情孤僻，懒于讲话，进食亦日渐减少。一日在紧靠窗户之处独自午睡之时，突闻砸窗之声后惊醒。之后便惊悸不安，昼则小便频数而自遗，更加懒于讲话，终日不发一语，似若沉思状。查体：面色㿠白无华，表情呆滞，手足发凉。舌边尖红，脉沉而弦。CT：头颅扫描正常。核磁共振：未见异常。脑电图：正常。刘弼臣临证认为，属肝气郁结，胆气虚寒，气机逆乱则惊悸尿频，肢端发凉，缄默不语。治当先疏肝解郁，温运气阳，方用当归四逆汤加减。处方：当归、桂枝、赤芍、木通、远志、鸡内金、香稻芽各10g，焦三仙各10g，炙甘草3g，细辛1g。12剂，每日1剂，水煎服。二诊：遗尿已止，手足转温，饮食转佳，情绪亦稍见好转，但仍悸动不安，缄默不语。改以温胆壮神之法治之，用柴胡温胆汤加减。处方：柴胡、黄芩、陈皮、茯苓、枳壳、竹茹各10g，半夏、青皮各 5g，炙甘草 3g。12 剂，每日 1 剂，水煎服。三诊：面色红润，悸动不安消除，言语明显增多，回答问话准确。继服上方以巩固疗效。

三、补肾健脾法治疗小儿生长发育迟缓

小儿生长发育迟缓虽有多种原因，但其根本在肾。因此，刘弼臣主张从肾论治，以补肾为基本大法。其研制的“东方小儿王健美增智口服液”，就是在六味地黄丸的基础上加味而成，对促进小儿生长发育，增强体质有很好的疗效。一位 6 岁男孩就诊，患儿自幼纳差，消瘦，身高体重均明显低于同龄儿童。虽经多方求治，均未效。查体：面色青黄无华，唇舌色淡，舌苔白，脉滑，身高 118cm，体重 17kg。给予东方小儿王健美增智口服液口服，每次 10ml，每日 3 次，连服两周。二诊：食欲明显增加，面色转红润。测身高 120cm，体重 18kg。继服上药以巩固疗效。

四、补肾益智法治疗小儿脑炎后遗症

刘弼臣认为，本病为邪热久羁，日久伤肾，肾精不足则脑髓空虚，智力低下，筋骨痉软，肢体不利。治宜补肾益智为主，方用小儿健脑散。小儿健脑散由六味地黄丸加兔脑、石菖蒲、郁金、丹参、赤芍、当归、黄芪等药物组成。一位4岁男孩就诊，患儿因发热在北京市某医院住院治疗1周，体温降至正常。出院后患儿不能站立，右下肢痿软无力，失语。诊为散发脑炎伴脑萎缩。此后经服中药治疗2年，症状改善，可说出“爸爸”、“妈妈”等两个字组成的词。可独立行走，但易摔跤，仍不会数数和计算。患儿自病后性情急躁，易激惹，多啼喜哭。查体：面色青暗无华，左侧鼻唇沟略浅。双侧瞳孔等大等圆，对光反射灵敏。伸舌居中，舌质红，苔白稍腻。颈软，无抵抗。胸廓对称。右下肢萎软无力，不能单腿站立，右膝腱反射减弱，凯尔尼格征（克匿格征）（一），巴宾斯基征（一）。脉象弦滑。脑电图：正常。CT：头部扫描，颅内各脑室均扩大，脑沟回影增宽，颅内未见低密度影及占位性病变。中医认为，属久病伤肾，肾精不足，髓海空虚则智力低下，语言不畅，肢体活动不利。治宜补肾益智，填精补髓。口服健脑散，每次3g，日服两次，加糖少许，开水送服。服用1年。二诊：行走跑跳自如，语言流利，但智力仍低于同龄儿童，仅会数10以内的数字。患儿性情平稳，嬉戏如常。查体：双侧鼻唇沟对称。舌质淡红，舌苔薄白。四肢活动自如，腱反射正常，生理反射存在，病理反射未引出。脉象略滑。继服健脑散1年，用法及剂量同前。三诊：生长发育正常，肢体活动、语言正常，智力基本达到同龄水平，能较准确地计算10以内数的加减。唯记忆功能稍差而易忘。查体：舌质淡红，舌苔薄白，脉滑有力。复查CT：头颅扫描，蛛网膜下腔稍宽，未见低密度影及占位性病变。继服健脑散以巩固疗效。

五、自拟“荆翘饮”治疗小儿出疹性疾病

刘弼臣自拟“荆翘饮”系表里双解之剂。方中荆芥解表，连翘清里，荆芥辛温，连翘苦寒，一温一寒，一表一里，互相配合，共为君药。佐蝉蜕、蒺藜、牛蒡子解表透疹，竹叶、木通、灯心草清热利尿。诸药合用，共奏解表清里之功。“荆翘饮”对儿科许多出疹性疾患均有良好的临床疗效。一位8岁半女孩就诊，诊断为风疹。证属风热邪毒，侵犯肺卫而发皮疹。治宜疏风清热，解表透疹。自拟“荆翘饮”加减：荆芥、连翘、牛蒡子、蒺藜、竹叶各10g，蝉蜕、薄荷各3g，赤芍15g，芦根30g，灯心草1g。3剂，水煎服。二诊：服两剂后热退，3剂后皮疹消退，唯有轻微咳嗽。查体：咽红，舌略红，苔薄白。心（一），双肺呼吸音略粗糙，耳后及枕后可触及黄豆大小的淋巴结，活动度良好，无压痛，脉滑。此为邪气已退，肺热未清。治宜清泻肺热，利咽止咳。方用泻白散加减，以善其后。刘弼臣治疗风疹，一方面重解表透疹，用荆芥、薄荷、蝉蜕，同时还重视清解里热，用连翘、竹叶、赤芍、芦根等，使在表之邪随疹透而去，在里之邪则由小便而去。

中医界有句俗话：宁医十男子，不医一妇人。宁医十妇人，不医一小孩。因为中医儿科俗称“哑科”，虽然小儿精神少受七情六欲之攻，脏腑未经五味八珍之溃，但他们语言未通，痛苦不能自述。中医诊断靠的是望闻问切，对儿科来讲，小孩沉于中而形于外，闻诊比较迟，不可靠，问诊家长又难于讲清，切脉孩童血气未稳定，所以中医儿科只能以望为主。望诊，在中医儿科诊断中有着非常重要的地位和作用。刘弼臣一望就是一辈子。小儿面部望诊始于钱乙，刘弼臣汲取钱乙和历代儿科医家关于小儿面部望诊的精华，经过60余年临床探索，积累了丰富经验，并编成歌诀。

（一）毛发的望诊

发为血之余，气为血帅，血为气母，气行则血行，气滞则血瘀。因此，头发的望诊主要观察体内血与气的状况：

气血充盈毛发润，若见虚衰发不华。

亦有双虚毛作穗，血枯毛发似焦巴。

（二）囟门的望诊

头为诸阳之会，囟门为头颅之门窗。通过观察囟门的变化可直接观察人体阳气的盛衰：

气虚囟门如坑陷，气盛囟门凸可见。

囟门晚闭精气亏，精气夺时难闭敛。

（三）目睛的望诊

《秘传眼科龙木论》提出五轮学说。胞睑属脾，两眦属心，白睛属肺，黑睛属肝，瞳孔属肾。刘弼臣将其引入儿科并予以发挥：

瞳仁明亮肾气充，肾气亏虚瞳似蒙。

黑睛明亮肝血足，黑睛晦暗血虚空。

白睛明亮肺气盛，外邪难侵体自康。
白睛蓝斑多虫疾，肝火灼肺白睛红。
白睛黄染肝湿热，两眦红丝心火攻。
上睑下垂脾气陷，下睑虚浮水上冲。

（四）口唇的望诊

口唇为脾之外窍，脾气的虚实寒热可从口唇望之：

口唇淡白，脾气虚寒。脾火上炎，口唇红干。
脾有积热，唇若涂丹。唇淡而润，脾失健运。
脾阴受伤，唇干少津。唇裂干痒，脾受风侵。

（五）望舌（苔）

舌诊能明五脏六腑的寒热虚实并兼顾表里，是望诊的一项重要内容。刘弼臣对此颇有研究：

舌尖红赤，心火独熊。边尖红赤，肝胆火冲。
舌色淡白，气血不充。苔若积粉，积滞在中。
苔黄而润，湿热困中。苔黄而燥，津伤热重。

（六）望面色

面部望诊，古以五色、五部配五脏。刘弼

臣以五色为主进行观察，认识多切中病机：

火光炎炎，外感风寒。紫生内热，红主伤寒。
红而发紫，内热伤元。面色萎黄，脾虚之愆。
金气浮浮，积滞为殃。面色惨白，寒邪所伤。
面色皖白，气血虚彰。天庭青暗，惊风必将。
鼻准青色，肝犯中阳。山根泛青，灾异须防。
口角青气，腹痛绵长。肾气充足，方广生光。
方广晦暗，肾气不强。

（七）小儿突然“面如妆”的望诊

所谓“面如妆”，是指小儿面色如同化了妆一样鲜艳美丽。小儿面色原来并不好而突然出现“面如妆”的现象，往往是某些疾病的早期表现，如能及时发现并给予恰当的治疗，就能起到防患未然的效果。

（八）小儿原是单眼皮突然变成双眼皮的望诊

临床上见到有的小儿原是单眼皮而突然变成双眼皮，常预示小儿素有积滞，郁而化热。

上下眼睑属“肉轮”，若脾胃积热日久，热邪上蒸于眼睑，则眼睑气血充盈，眼皮由单变双。治宜消食导滞，清胃泻脾。可用保和丸加减。常用：焦三仙、炒莱菔子、鸡内金、茯苓、连翘、升麻各10g，陈皮5g，半夏3g，黄连1.5g。大便秘结加大黄通腑泄热，热去脾胃自安，眼睑恢复正常。

（九）小儿面若搽粉过度的望诊

原来面色润泽的小儿突然出现若搽粉过度的面色，提示体内湿热熏蒸于面，面色晦暗如施粉过度状。治宜通利三焦，清热利湿，可用清暑益气汤加减。常用：麦冬、知母、竹叶、石斛、荷梗各10g，黄连1.5g，栀子3g，灯心草1g。使湿化热解，面色如常。

（十）小儿腮若涂脂的望诊

小儿原本并不红润的面颊突然如涂了胭脂一样娇艳。常见的有如下几种情况。一是右腮如涂脂：为肺经蕴热，右腮属肺，热循经上冲则右腮发红状如涂脂。治宜清肺泻火。二是左腮如涂脂：为肝经郁热，左腮属肝，肝经郁热上攻显于面则左腮发红状如涂脂。治宜清肝泻火。三是两腮虽娇艳状如涂脂，但干燥欠润：多为阴虚于内，阳亢于上所致，即阴虚面红。但是此种阴虚面红往往出现较缓慢，且不易消退，常可持续较长时间。治宜育阴清热。可用沙参麦冬汤加减。四是两腮表现为乍红、乍黄、乍白、乍青、乍黑，五色互见，片刻即消，片刻又起：为惊恐胆寒，因十一脏皆取决于胆，若惊恐伤胆，胆气虚寒，则十一脏气机逆乱，五脏之色互见于面。方用温胆汤加减。五是久病、重病患儿突然面红如妆：常表示为危重之象，为残灯复明，回光返照，阳气将绝之危症。治当回阳救逆。方用参附龙牡救逆汤加减。

先天不由人之意
后天顺乎凭自然

人生宛如飞云渡，蓝天白云论岐黄。先天不由人之意，后天顺乎凭自然。刘弼臣以豁达释然胸怀拥抱人生，把生命看成是奔腾不息的江水，永远向前。他在一次访谈中坦诚地说："胸怀坦荡、虚怀若谷是人心的包容。人欲长寿必心胸宽广，遇事能想得开，不钻牛角尖。无论有什么样的困难，都能泰然处之，从来不动'真气'。事情该怎么办就怎么办，就能渡过难关。因此，我认为长寿之人必须能容人容物，不为荣辱名利所动，保持精神欢愉。"

刘弼臣在养生上提倡顺乎自然，他认为人的寿命取决于先后天两个方面，先天不由人意，强调应当注意后天之养生，尽量延长生命。后天养生在于胸怀坦荡与运动。刘弼臣对运动的理解确有独到之处，每天接诊百余名患者，教学、科研、著书等繁忙的工作即是他的主要运动方式，使身体得到锤炼。

诊务劳碌，乐在其中。刘弼臣把工作与运动合为一体，他认为每个人由于所处环境不同，对“运动”二字理解也不尽相同。因此，运动的形式是多种多样的，运动要依据个人的差异而有所不同，关键是要解决好在运动中的心理状态，只有乐在其中，才会其乐无穷，愉悦身心。80岁以前，刘弼臣的工作十分繁忙，除了正常门诊时间外，业余时间前来就诊者络绎不绝，经常要到深夜还不能休息，还要承担教学和科研任务及各种各样的社会性工作。所以不可能有时间悠闲自在地打拳、击剑、散步，而有的只是劳碌。因此，他的主要运动方式就是看病、诊察、书写。为了提高医疗质量，这些事情他大部分都亲自动手。一天下来百十号病人，其劳动强度可想而知。刘弼臣把工作中的劳碌定性为一种运动。长期繁忙的医疗工作使他的身体也得到极大的锤炼。年逾八旬的刘弼臣，身体健康，活动灵便，腿脚灵活，耳不聋，眼不花，血压不高，五脏安泰，每治愈一例患儿，心中都有说不出的快乐。他认为医疗工作不仅是一项运动，而且还蕴藏着无穷的乐趣，在运动中得到快乐，在快乐中得到长寿。

冷水浴体，肤坚体健。刘弼臣 70 岁以前很少得病，连感冒都很少，这与他长年坚持冷水洗浴有一定的关系。刘弼臣祖籍江苏，自幼有冷水浴的习惯，长年坚持用冷水洗澡。自 20 世纪 50 年代末期调来北京，地理位置变了，气候条件变了，但是冷水浴的习惯却没有变。他认为冷水浴能使人肌肤坚密、腠理坚固，而使身体抵抗外邪的能力增强，因此很少患病感冒，最终达到身体强健，寿命延长的目的。

顺其自然，掌握尺度。刘弼臣对饮酒和吸烟有自己独到的看法。他认为世上任何事物都存在着利和弊两个方面，没有绝对的利，也没有绝对的害。有利的做得过分就会走向反面而为害；有害的方面只要能控制在一定的程度内就不会酿成大乱。刘弼臣在一次谈养生的访谈中说："例如拿吸烟和饮酒来说，我是烟也吸，酒也喝，但是从来不过分，掌握在合适的尺度内。我吸烟的历史很长，但一般都控制在一天三五支的范围内，所以虽然吸烟的历史长，却没有对身体产生多大的危害。至于饮酒，我是每天必喝，而且只喝白酒，每天二三两，从不喝醉。酒作为一味中药，历史悠久，具有活血通络的功能。每天喝一些，会使血脉流畅，精神旺盛，对身体有很大的好处。但是如果过量，就会反受其害而减少寿命，只要能控制在合适的范围就不会对身体造成伤害。"刘弼臣对烟酒的宽容，恰恰从一个侧面折射出他宽宏的人生态度，淡定的养生之道，顺其自然，颐享天年。

文以载道，陶冶情操。“文是基础医是楼，学海无边苦作舟。岐黄典籍鼓乐鸣，四书五经作和声。”刘弼臣把中医学不仅看作是一门应用科学，而同时也看成是一种文化。中医学根植于悠久的华夏文明，其思维方式和理论体系与中华传统一脉相承，并因此与之休戚相关、荣辱与共。如果没有对传统文化的把握，就不能真正地抓住中医之魂。名医必须掌握相当的古文知识，苦苦修炼，这是登堂入室不可少的“载道之车”。纵观历代卓有建树的医药名家，无一不是博学多才，大多精通文学，医儒不分。金元四大家之一的张子和在《儒门事亲》中写到：“学不博，而欲为医难矣。”刘弼臣在长期的医疗生活中，对中医学史研究颇深，他在《中医史话》一文中写到：“由于文学是医学的基础，经过历代名医运用文学进行编纂，以阐明医理。从先秦到清末，出书约18万余部，累计达230余万卷之多，可谓汗牛充栋，浩如烟海。这些著作都需要具有深厚文学功底的中医名家才能完成。”刘弼臣十分注重自身文学素养的提高。他利用业余时间抓紧学习和阅读，不但阅读了大量中医书籍，而且阅读了《史记》、《资治通鉴》、《三国志》、《三国演义》、《水浒传》、《西游记》、《红楼梦》、《鲁滨逊漂流记》等中外名著。一有空闲，还喜欢听昆曲和京剧。他还喜欢练书法，写得一手好毛笔字。这些都为他以后的写作打下了深厚的文学功底。刘弼臣在繁忙的诊务和教学工作之余，辛勤耕耘，奋笔疾书，发表了一篇又一篇具有很高水平的学术论文和学术著作。其中代表著作为《医宗金鉴·幼科心法要诀白话解》。该书是20世纪60年代在中医儿科界极具影响的著作，累计出版发行已达120万册。以后又陆续有医学专著10余部出版，例如《刘弼臣临床经验辑要》、

《中医儿科经典选释》以及普通高等中医院校协编教材《中医儿科学》等等。

弘扬国粹，名扬世界。刘弼臣率先提出的“体禀少阳”和“从肺论治”的两大创新观点，以前从未有人发表过，从而在理论指导方面除《颅囟经》创立的“纯阳”学派，吴鞠通创立的“稚阴稚阳”学派外，又创立了“少阳学派”，以统代“纯阳”和“稚阴稚阳”。在儿科领域中，近百年来，在20世纪三四十年代，上海的奚晓岚以寒凉派而著称，徐小圃以温阳派而闻名，1949年以后，南京的江育仁是以运脾派而享誉中外，刘弼臣是以调肺为擅长。这四大学派对儿科学术发展起到了直接的推动和促进作用，这是刘弼臣对近代中医儿科发展所作出的贡献。国内外给予刘弼臣“东方小儿王”、“中国儿科之父”的美誉。《人民日报》、《光明日报》、《健康报》、《北京日报》、《北京晚报》、《北京科技报》、《中国中医药报》等20余家报纸及中央电视台、北京电视台均有专访及报道，其事迹载于《共产党人》、《中国当代名人录》、《名医之路》、《中华名医》、《名医名方录》、《人民公仆》等几十种书籍中。

刘弼臣走访过东南亚、欧美数十个国家和地区，广交朋友，推动中医儿科走向世界。在许多国家进行学术交流，得到国际上的认可，获得国际人体科学大会论文金质奖、国际21世纪中西医结合研讨会金杯奖、美国东方医学会学术交流会金奖、国际远程医疗大会金牌奖、九九国际学术交流金奖、2000年度世界医坛首脑才华奖、世界医坛创新医学理论奖。美国柯尔比科技情报中心授予他“国际著名替代医学专家”证书，他还被美国ABI学会评为20世纪90年代世界500名人之一。

悬壶济世七十载，笃行不倦倡少阳。从肺论治拓新宇，一代宗师小儿王。2008年9月29日，刘弼臣与世长辞。享年84岁。

刘弼臣用真诚和爱心感动着患者和家长，当人们回忆起那位在孩子们面前和蔼可亲的耄耋老人，心里不由得升起崇敬和怀念之情。他那望着孩子的慈祥目光里永远充满了一种真挚的爱。

发展中医将造福于后世子孙。因此，医德高尚的老中医们便毅然肩负起发展中医的重担。他们虽已年迈，却仍竭尽全力投入到发展中医、弘扬中医事业之中。刘弼臣也是他们中的一员。在生前，每当谈及尚未解决的儿科疑难顽症时，这位老人便会焦急万分，他总是搓着手，喃喃地说着："时不待我，时不待我。"

刘弼臣有两大愿望，一是成立专门的中医儿科医院，确立中医在儿科治疗中的地位，使其不可替代的神奇疗效得以传承和光大；二是创立"刘弼臣中医儿科基金会"，为中医儿科的发展提供科研、人才和资金的平台。中医儿科事业就是刘弼臣的生命，他的愿望并不会因他的生命停止而消失。逝者已斯，来者可追。振兴中医，时不我待。

（撰稿人　彭维民）